AF648248

JUTTA BLÄSIUS

Spielen mit Aktionstabletts

Konzentration und Entspannung

HERDER

FREIBURG · BASEL · WIEN

Das Interesse des Kindes hängt alleine von der Möglichkeit ab, eigene Entdeckungen zu machen.

Maria Montessori

MIX
Papier | Fördert gute Waldnutzung
FSC® C084698

Hermann-Herder-Str. 4, 79104 Freiburg

www.herder.de

Bei Fragen zur Produktsicherheit:
produktsicherheit@herder.de

Umschlaggestaltung: Sabine Ufer
Umschlagfoto und Fotos im Innenteil: Jutta Bläsius
Satz und Gestaltung: Sabine Ufer

Herstellung: PNB Print Ltd
Printed in Latvia

ISBN 978-3-451-37957-4

Inhalt

Hier spiel ich allein 4

Experimentieren und verstehen 7

Das Lupen-Tablett 8
Schaum blasen 10
Wackel- oder Drückfiguren 12
Dosen füllen 14
Das Magnet-Tablett 16
Spiegeleien 18
Schlüssel und Schlösser 20
Matrjoschka 22
Die Stimmgabel 24

Spielen und gestalten 27

Einen „Tannenbaum“ schmücken 28
Schlange, Brezel, Schneckenhaus 30
Das Knopf-Tablett 32
Tangram 34
Schneegestöber 36
Mandala-Vorlagen verzieren 38
Igel, Dino oder Sonne 40
Ketten-Bilder 42
Großes „Gemurmel“ 44

Beobachten und entspannen 47

Glöckchen und Schellen 48
Riechfläschchen 50
Kreiseltanz 52
Kaleidoskope und Fliegenaugen 54
Immer am Rand entlang 56
Sanduhren 58
Wackelkarten 60
Sandrieselei 62

Hier spiel ich allein

Kinder beschäftigen sich nicht nur gerne mit anderen. Sie lieben es in der Regel ebenso, für gewisse Zeitspannen auch einmal alleine zu spielen. Leider bieten sich hierzu jedoch in vielen pädagogischen Einrichtungen nur wenige Gelegenheiten. Ein durchgängig strukturiertes Beschäftigungsprogramm sorgt vielmehr rund um die Uhr für Spiel, Spaß und Unterhaltung und lässt keine Langeweile aufkommen. Da wird gemeinsam gebastelt und musiziert, es gibt Tischspiele, Bewegungsangebote und Ausflüge. Ob im Morgenkreis, auf dem Bauplatz, im Rollenspielbereich oder in der Verkleidungsecke – meist steht das spielerische Miteinander im Vordergrund.

Gezielt eingesetzte Ideen zur Einzelbeschäftigung, die das ungestörte Allein-Spielen der Kinder ermöglichen und fördern, sind eher die Ausnahme.

Allein spielen ist jedoch wichtig und tut vor allem gut!
Die Arbeit mit einem Tablett ermöglicht es den Kindern, sich aus dem Trubel des Alltagsgeschehens ganz bewusst zurückzuziehen und individuell die Zeit zum Entspannen, zum Entdecken, Experimentieren, Gestalten, Staunen und Lernen zu nutzen.

Wie wichtig solche individuellen Einzelbeschäftigungen sind, wusste bereits Maria Montessori. Sie hat als erste Pädagogin „Aktionstabletts" genutzt, um Kinder gezielt darin zu unterstützen, sich spielerisch die Welt anzueignen. Ihr Leitsatz: „Hilf mir, es selbst zu tun!" ermöglicht es dem Kind, in unterschiedlichen Kontexten aktiv zu werden und sein Streben nach Wissen, nach Unabhängigkeit und Selbstständigkeit zu verwirklichen.

Eine kleine Nische, vielleicht abgeschirmt durch einen Paravent oder einen Schrank mit einem Tisch, reicht schon aus, damit Kinder eine Rückzugsmöglichkeit haben. Hier sollte für höchstens 4–5 Kinder Platz sein. Alle Aktionstabletts stehen in einem offenen Regal griffbereit.

In einem solch geschützten Raum können die Kinder ungestört wertvolle Erkenntnisse gewinnen und Erfahrungen sammeln, die viele Bereiche der kindlichen Entwicklung positiv beeinflussen.

- In der Einzelbeschäftigung lernen sie ihre eigenen Vorlieben und Interessen, ihre Stärken und Schwächen bewusst wahrzunehmen und ihre Fähigkeiten und ihr Wissen dadurch besser einzuschätzen.
- Sie müssen sich nicht im Spiel mit anderen vergleichen und messen, sondern können sich ganz entspannt einer Aufgabe widmen, sich ausprobieren, experimentieren, individuelle Lösungen suchen, eigene Spielideen entwickeln. Dies kommt insbesondere Kindern zugute, die wenig Selbstvertrauen in ihr eigenes Können und ein geringes Selbstwertgefühl besitzen.
- Unsichere, ängstliche, zurückhaltende und sehr junge Kinder vermeiden es oftmals, in einer Gruppe aktiv zu sein. Sie nutzen die Rückzugsnische und die Beschäftigung mit den Tabletts gerne als „Aussichtspunkt", als „sicheren Hafen". Zu gegebenem Zeitpunkt wagen sie sich dann in bisher „unbekannte Gewässer" und an neue Aufgaben – auch in der Gemeinschaft – heran.

- Auf einem Tablett befindet sich immer nur *ein* Angebot und somit eine sehr reduzierte Materialauswahl, statt Fülle. Hiervon profitieren vor allem junge Kinder und Kinder, die mit einem Überangebot, wie es heute oft allseits zu finden ist, überfordert sind. Dies schult insbesondere die Konzentration und die Ausdauer.
- Kinder, die die Möglichkeit haben, auch alleine zu spielen und sich dabei wohlfühlen, erfahren den Wert der Eigenfürsorge. Sie spüren immer besser, wann ihnen eine kleine Auszeit guttut und können diese effektiv nutzen.

Die auf den Tabletts zusammengestellten Aufgaben sollten im Sinne Maria Montessoris einfach und eindeutig strukturiert sein. So können die Kinder, nachdem Sie ein Tablett z. B. im Morgenkreis vorgestellt und die Handhabung gezeigt haben, ohne Hilfe eines anderen Kindes oder eines Erwachsenen damit arbeiten. Dies setzt voraus, dass Sie sich im Vorfeld methodisch-didaktisch intensiv damit beschäftigen, wie Sie ein neues Tablett gestalten. Probieren Sie die Übung auf jeden Fall selbst aus, nachdem sich alle Materialien auf dem Tablett befinden.

Achten Sie darauf, den Kindern nur solche Materialien anzubieten, die ungefährlich sind und mit denen sie auch einmal unbeaufsichtigt spielen können. Gerade bei der Arbeit mit unter Dreijährigen ist in besonderem Maße darauf zu schauen, dass von den Gegenständen keine Gefahr ausgeht (verschlucken, Finger quetschen ...).

Kontrollieren Sie regelmäßig die Tabletts. Ersetzen sie Fehlendes und Dinge, die kaputtgegangen sind.

Besprechen Sie mit den Kindern einige wenige Regeln, die es im Umgang mit den Aktionstabletts zu beachten gilt:

1. Jedes Tablett hat seinen festen Platz im Regal. Dieser kann z. B. mit einem Foto markiert sein. Dorthin wird es nach dem Spielen wieder zurückgestellt.
2. Da jedes Tablett eine bestimmte Aufgabenstellung hat, dürfen die Materialien nicht mit denen anderer Tabletts vermischt werden!
3. Das Tablett ist gleichzeitig die Arbeitsfläche. So verlieren sich die Materialien nicht auf dem Tisch.
4. Das Kind kann sich in seinem eigenen Tempo so lange mit einem Aktionstablett beschäftigen, wie es möchte. Gerade die Wiederholung einer Arbeit ist ein wichtiges Kriterium in jedem Lernprozess.
5. Ein Tablett ist immer nur für ein Kind konzipiert und arrangiert. Andere Kinder greifen daher in keiner Weise ins Spiel ein oder beteiligen sich sogar daran. Sie schauen auch nicht zu, da dies das Alleinespielen stört. Eventuell werden dadurch z. B. wichtige Lösungs- und Lernprozesse durch andere Kinder vorweggenommen.
6. Hat das Kind seine Arbeit beendet, werden alle Materialien so arrangiert, dass das nächste Kind die Aufgabenstellung wieder direkt erkennt und damit spielen kann.

Experimentieren und verstehen

Aktionstabletts wecken die Neugierde der Kinder und regen sie immer wieder zum Staunen, zum Experimentieren und Verstehen an. Wie sieht ein kleines Sandkorn unter der Lupe aus? Und der Stein? Was wird vom Magneten angezogen, was nicht? All diese Fragen erzeugen Interesse und führen zu vielen weiteren Fragen, die neue Themen eröffnen. Greifen Sie die Fragen auf und nutzen Sie sie, um immer wieder neue Tabletts mit abwechslungsreichen Spielideen herzustellen.

Das Lupen-Tablett

- **Material:** unterschiedliche Gegenstände (z. B. Muschel, Edelstein, Blüte, Zapfen), Lupe, kleines Körbchen, dünne Filzunterlage, Tablett

Schau genau!

Suchen Sie unterschiedliche Gegenstände, die die Kinder unter die Lupe nehmen können. Vor allem Naturmaterialien sind immer wieder interessant. Das Vergrößerungsglas lädt dazu ein, genauer und intensiver hinzuschauen. Es schärft den Blick für die kleinen Dinge, die zunächst nicht erkennbar sind und erst bei genauerem Betrachten sichtbar werden.

Tipp

Lupen gibt es in unterschiedlichen Ausführungen. Leselupen sind wohl die bekanntesten. Weitere Lupentypen sind Detaillupen (z. B. Uhrmacherlupe), Lupensteine oder Lupenbrillen. Diese Vielfalt gewährleistet die abwechslungsreiche Gestaltung des Lupen-Tabletts, indem einfach von Zeit zu Zeit die Lupe ausgetauscht wird.

Vielfalt ist Trumpf!

Werden auch die Materialien immer wieder gewechselt oder z. B. zu einem bestimmten Motto bereitgestellt (im Herbst Herbstfrüchte wie Eicheln, Kastanien, Zapfen ...), bleibt die Arbeit lange spannend.

Schaum blasen

Material: wasserfestes Tablett (alternativ Plastik-, Glas- oder Porzellanschälchen), Glas, 2–3 Tropfen Spülmittel, Wasser, ein kleiner roter und ein kleiner grüner Becher (alternativ farbig markierte Gläser), Strohhalme, Tuch

So geht's

Geben Sie ein paar Tropfen Spülmittel in das Glas, füllen Sie es mit Wasser auf und stellen Sie es auf das wasserfeste Tablett. Die Strohhalme kommen in den grünen Becher. Der rote Becher kommt dahinter.
Zeigen Sie den Kindern, wie mit dem Tablett gearbeitet wird. Geben Sie am Ende den benutzten Strohhalm in den roten Becher. Wischen Sie mit dem Tuch Wasser vom Tablett.

Schaumschlägereien

Die Kinder können sich nun darin üben, den Schaum zu blasen. Sie können beobachten, wie er sich ausbreitet, eventuell sogar über das Glas hinauswandert. Besonderen Spaß macht es natürlich, einen hohen Schaumberg zu blasen und anschließend die Seifenblasen mit den Fingern platzen zu lassen.

Wackel- oder Drückfiguren

- **Material:** 3–4 Wackel- oder Drückfiguren, Tablett

Faszinierende Fadenspiele

Die ersten Wackel- oder auch Drückfiguren wurden 1926 in der Schweiz hergestellt. Inzwischen gibt es sie in vielen unterschiedlichen Formen, vor allem als Tiere oder Personen.
Sie bestehen in der Regel aus einzelnen Holzteilen. Diese sind durch Fäden miteinander verbunden, die durch einen Federmechanismus im Sockel der Figuren dafür sorgen, dass diese beweglich sind. Drückt man mit dem Daumen von unten in die Platte des Sockels, geben die Fäden nach. Lässt man die Platte los, richten die Figuren sich wieder wie durch Geisterhand auf.

Spielspaß für geschickte Finger

Dieses Gezappel und wilde Tanzen fasziniert und begeistert Kinder immer wieder. Je nachdem, wo die Platte gedrückt wird, gelingt es sogar, die Figuren in eine bestimmte Richtung fallen zu lassen.
Hier können die Kinder spielerisch und mit viel Spaß ihre Feinmotorik trainieren.

Dosen füllen

● **Material:** 5–6 unterschiedlich große Dosen mit Deckel, 5–6 Gegenstände, die in die Dosen passen, Schälchen, Tablett

So geht's

Wählen Sie die Gegenstände so aus, dass sie nur jeweils einer der Dosen in der richtigen Größe zugeordnet werden können. Legen Sie alle Gegenstände in das Schälchen.

Was passt wo hinein?

Die Kinder können sich nun darin üben, die Dosen zu öffnen, die passenden Gegenstände einzusortieren und die Dosen wieder zu verschließen.
Welcher Gegenstand passt wo rein? Das ist hier die Frage.

DAYDREAMER

Das Magnet-Tablett

● **Material:** 1 Magnet, 5–6 magnetische und nicht magnetische Gegenstände, kleiner Korb für die Gegenstände, kleines Schälchen für den Magnet, 2 kleine Schälchen, 1 kleines Foto mit Magnet, Tablett

Physik für die Jüngsten

Magnetismus ist schon für 3- bis 6-Jährige ein spannendes Thema, das sie sich sehr spielerisch erschließen können. Hierbei sammeln sie erste einfache physikalische Erkenntnisse.

So geht's

Stellen Sie den Kindern im Kreis die Arbeit vor und zeigen Sie, wie die Materialien gehandhabt werden. Es geht darum zu erkennen, dass es Gegenstände gibt, die magnetisch sind und solche, die es eben nicht sind. Welche Materialien vom Magnet angezogen werden und welche nicht, finden die Kinder selbst heraus. Sie ordnen sie dem entsprechenden Bild oder dem leeren Kästchen zu.

Tipp

Der Handel bietet inzwischen eine Vielzahl an Magneten in unterschiedlichen Formen und Stärken an wie Hufeisen-, Stab-, Scheiben-, Quader- oder Kugelmagnete. Tauschen Sie also von Zeit zu Zeit den Magnet und die Gegenstände aus, sodass die Arbeit immer wieder abwechslungsreich ist.

ADVENTURE
BEGINS

Spiegeleien

- **Material:** 3–4 unterschiedliche Spiegel, Schale, weiches Tuch, Tablett

Grimassenspaß und mehr

Spiegel ermöglichen viele interessante Beobachtungen und Experimente.
Die Kinder können sich selbst im Spiegel betrachten und dabei mit ihrer Mimik spielen. Sie erkennen, dass beim Blick in den Spiegel alles, was sich hinter ihnen befindet, sichtbar wird. Mit ihm lässt sich das Licht einfangen, als Punkt durch das Zimmer jagen oder gezielt auf etwas richten. Spiegel können vergrößern, verkleinern, verzerren und die Dinge aus einem anderen Blickwinkel zeigen.
Machen Sie alle darauf aufmerksam, sorgsam mit den Spiegeln umzugehen, damit sie nicht kaputtgehen.

Spiegel als Malgrund

Haucht man den Atem auf einen Spiegel, kann man zuschauen, wie er beschlägt und wieder klar wird. Und natürlich lässt es sich auf einem beschlagenen Spiegel wunderbar malen. Mit dem weichen Tuch wird er am Ende wieder zum Glänzen gebracht.

Tipp

Sammeln Sie mit den Kindern Dinge mit spiegelnder Oberfläche wie Löffel, Metalldosen, Silberkugeln, Topfdeckel. Oder stellen Sie mit Spiegelfolie eigene Spiegel zum Experimentieren und Ausprobieren her.

Schlüssel und Schlösser

● **Material:** 5–6 Schlösser mit Schlüsseln, 1 Schälchen für die Schlösser, 1 kleineres Schälchen für die Schlüssel, Holzring, Tablett

Immer wieder auf und zu ...

Schlüssel und Schlösser faszinieren Kinder immer wieder.
Mit den bereitstehenden Materialien auf diesem Tablett können sie erkennen, dass immer nur ein Schlüssel zu einem bestimmten Schloss passt. Sie können sich darin üben, die Schlösser mit dem richtigen Schlüssel zu öffnen und zu schließen. An dem Holzring lassen sich die Schlösser zudem befestigen.

Förderschwerpunkt

Hier wird in besonderem Maße die Feinmotorik der Kinder geschult.

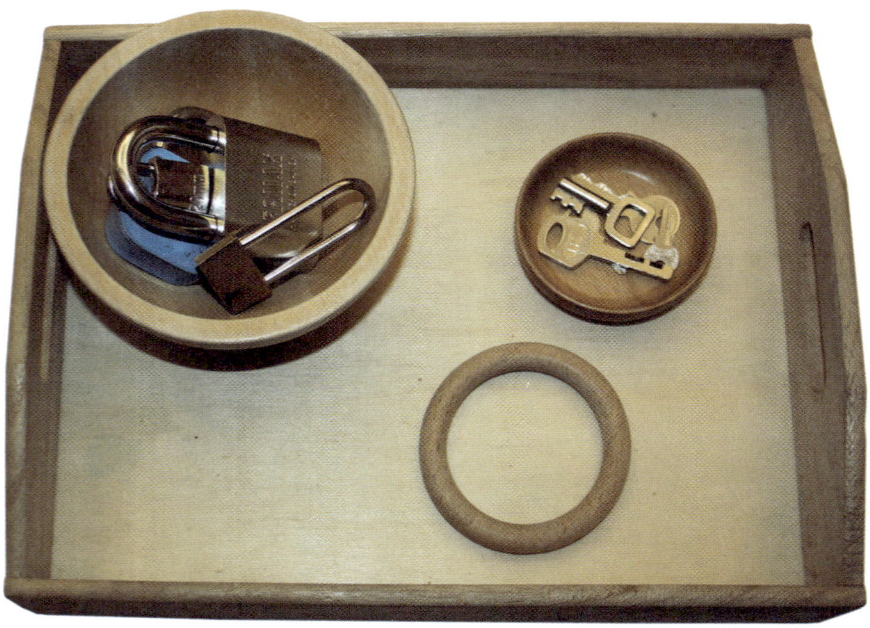

Matrjoschka

- **Material:** 1 Matrjoschka, Tablett

Schon gewusst?

Eine Matrjoschka (auch fälschlicherweise als Babuschka bezeichnet) ist die berühmte Schachtelpuppe aus Russland. Sie wird aus Holz hergestellt und besteht meist aus fünf bis sieben Puppen, die aufwendig bemalt sind und ineinandergesteckt werden können.

Steckspiele

Eine Matrjoschka lädt die Kinder dazu ein, mit den einzelnen Puppen zu spielen oder sich darin zu üben, die Puppen in der richtigen Reihenfolge ineinanderzustecken.

Förderschwerpunkte

Indem die Kinder die Puppen auseinander- und wieder zusammenbauen, sodass die Einzelteile genau ineinanderpassen, schulen sie ihre Handmotorik und ihre Augen-Hand-Koordination. Gleichzeitig wird ihr logisches Denken gefördert, indem sie sich darin üben, die richtigen Größen einander zuzuordnen und die Figur als Ganzes zusammenzusetzen.

Die Stimmgabel

- **Material:** Stimmgabel, verschiedene Gegenstände (z. B. Metalldose, Holzbrettchen, Plastikverschlusskappe ...), kleines Tablett

Schwingende Schallwellen

Vor allem Musiker und Chorleiter benutzen eine Stimmgabel. Wird sie auf einem harten Untergrund angeschlagen, geraten die zwei Zinken ins Schwingen. Es entsteht ein Schall. Er ist zu hören, wenn es mucksmäuschenstill ist und der Fuß der Stimmgabel nach dem Anschlagen auf einen Resonanzkörper (z. B. Tisch, Metalldose ...) gesetzt wird. Auch unsere Knochen eignen sich übrigens zur Schallwellenleitung.

So geht's

Zeigen Sie den Kindern, wie sie die Stimmgabel halten, anschlagen und aufsetzen müssen, um den Schall zu hören. Dies ist ganz schön schwierig und eher eine Arbeit für ältere Kinder. Mit den unterschiedlichen Gegenständen auf dem Tablett können sie dann experimentieren und z. B. ausprobieren, was den Schall weiterleitet und was nicht.

Spielen und gestalten

Die Auseinandersetzung mit den unterschiedlichsten Materialien entspricht dem kindlichen Bedürfnis, sich die Welt handelnd zu erobern. Aktionstabletts, die mit einfachen Materialien zum Gestalten einladen, fordern die Konzentrationsfähigkeit heraus und fördern die Feinmotorik. Dabei entstehen mit Knöpfen, Klammern, Papierschnipseln oder Perlen schön anzuschauende Kunstwerke. Doch letztlich ist am Ende nicht das Ergebnis ausschlaggebend, sondern der Weg ist das Ziel.

Einen „Tannenbaum“ schmücken

● **Material:** großer geöffneter Tannenzapfen, kleine Perlen, Sterne usw., Pinzette, Schälchen, Tablett

So geht’s

Geben Sie die Teile, mit denen die Kinder den „Tannenbaum“ schmücken können, in das kleine Schälchen. Achten Sie darauf, dass der Tannenzapfen einen guten Stand hat und zudem möglichst weit geöffnet ist.

Viel Gefühl in den Fingerspitzen!

Mit den Perlen, den Sternchen und weiteren Materialien können die Kinder ihn verzieren. Da alle Materialien sehr klein sind, müssen sie mit der Pinzette arbeiten. Dies erfordert ziemlich viel Fingerspitzengefühl, Konzentration und Ausdauer.
Ist der „Tannenbaum“ geschmückt, kommen wieder alle Teile zurück in das Schälchen, sodass ein anderes Kind damit arbeiten kann.

Schlange, Brezel, Schneckenhaus

- **Material:** Bleiband (Gardinen- oder Bastelbedarf), Schälchen, selbst hergestellte Vorlagen, Tablett

Vielfältig formbar

Mit einem Bleiband lassen sich wunderbar Figuren und Formen legen, da es, im Gegensatz zu einer Kordel, wesentlich schwerer ist und somit besser die Form hält.

So geht's

Die Kinder können sowohl eigene Ideen verwirklichen als auch mit verschiedenen Vorlagen arbeiten.
Achten Sie darauf, dass das Bleiband die passende Länge hat und somit auf die jeweilige Vorlage passt. Laminieren Sie selbst hergestellte Vorlagen, sodass sie lange haltbar bleiben.

Tipp

Färben Sie das Band ein oder stellen Sie den Kindern unterschiedlich lange Bleibänder zur Verfügung. So können sie sogar kleine Bilder damit gestalten.

Das Knopf-Tablett

● **Material:** Korb, viele Knöpfe in unterschiedlichen Größe, Farben, Formen und Materialien, kleine Schälchen, großes Tablett

Spielmaterial aus dem Nähkästchen ...

Knöpfe üben auf Kinder (und auch auf Erwachsene) eine große Anziehungskraft aus. Hier haben sie die Gelegenheit, in aller Ruhe und nach eigenen Vorgaben mit Knöpfen zu spielen und zu gestalten.

So geht's

Die Kinder können die Knöpfe nach unterschiedlichen Kriterien in die bereitstehenden kleinen Schälchen sortieren, Figuren, Formen oder Bilder legen, mit den Knöpfen Türme bauen oder sie einfach nur betrachten, befühlen, durch die Finger gleiten lassen. Der Fantasie sind keine Grenzen gesetzt.

Tipp

Fragen Sie bei Eltern, Bekannten oder Verwandten nach Knöpfen. So kommt schnell ein kleiner Knopfvorrat zusammen, den die Kinder nutzen können.

Tangram

- **Material:** Tangram-Legeplättchen, selbst hergestellte Vorlagen, kleines Schälchen, Tablett

Schon gewusst?

Tangram ist ein altes Rätsel- und Legespiel aus China, mit dem sich bereits 3-Jährige in der einfachsten Variante gerne beschäftigen.
Mit den sieben Legeplättchen lassen sich unendlich viele Figuren und Formen gestalten.

So geht's

Die Plättchen sind in der Regel aus schwarzem Holz oder Kunststoff. Alternativ können Sie sie aber auch aus dicker Pappe oder Moosgummi in unterschiedlichen Farben selbst herstellen. Laden Sie die Kinder dazu ein, auf dem Tablett eigene Tangram-Bilder zu gestalten. Bieten Sie ihnen des Weiteren Lege-Vorlagen in unterschiedlichen Schwierigkeitsstufen an. Im Internet gibt es hierzu viele Beispiele. Laminieren Sie die Vorlagen, sodass sie lange haltbar bleiben.

Förderschwerpunkt

Die Beschäftigung mit dem Tangram schult insbesondere die räumliche Vorstellungskraft, die Ausdauer, die Konzentration und die Fantasie der Kinder.

Schneegestöber

- **Material:** ein roter und ein grüner Becher, Strohhalme, ausgestanzte Schneekristalle, dunkelblaues Papier, kleines Schälchen, Tablett

So geht's

Stellen Sie alle Materialien auf dem Tablett bereit. In den grünen Becher kommen die unbenutzten Strohhalme, in den roten die gebrauchten.

Die Kinder saugen nun mit dem Strohhalm die Schneekristalle an und lassen sie dann auf das blaue Papier fallen. Nach und nach entsteht ein wildes Schneegestöber. Mal liegen die Schneekristalle dabei dicht beieinander, mal liegen sie weit auseinander. Das hängt ganz davon ab, wie geschickt die Kinder darin sind, die einzelnen Teile anzusaugen und angesaugt zu halten.

Förderschwerpunkt

Hier wird in besonderem Maße die Mundmotorik trainiert.

Mandala-Vorlagen verzieren

- **Material:** 2–3 Mandala-Malvorlagen, passendes Legematerial, kleine Schälchen, Tablett

So geht's

Gestalten Sie 2–3 Mandala-Vorlagen und laminieren Sie diese, sodass sie lange haltbar sind. Sortieren Sie die Legematerialien in die Schälchen.
Das Kind wählt sich eine der Vorlagen aus und verziert sie mit den bereitstehenden Materialien. Diese können sich z. B. an der Jahreszeit orientieren. So stehen den Kindern in der Weihnachtszeit kleine Sterne, Glasnuggets, Spiegelplättchen u. Ä. zur Verfügung. Am Ende ihrer Arbeit sortieren sie alle Materialien wieder zurück in die Schälchen.

Förderschwerpunkt

Die Mandala-Gestaltung nach einer Vorlage ermöglicht schon jungen Kindern den Zugang zu den Kreisbildern. Haben sie sich darin geübt, zunächst vorgegebene Muster zu gestalten, fällt es ihnen zunehmend leichter, eigene Ideen umzusetzen.

Igel, Dino oder Sonne

- **Material:** selbst hergestellte Figuren aus Pappe, Wäscheklammern, Körbchen, Tablett

So geht's

Fertigen Sie aus Pappe drei bis vier Figuren an, z. B. den Körper eines Igels, eines Dinosauriers, eines Schmetterlings, eines Tausendfüßlers, eines Marienkäfers oder eine Sonne. Laminieren Sie sie, sodass die Kinder lange damit arbeiten können. Legen Sie die Formen mit den Wäscheklammern auf das Tablett.

Wäscheklammerspielspaß

Die Kinder können nun die Wäscheklammern bei dem Igel und dem Dino als Stacheln, bei dem Schmetterling als Flügel, bei der Sonne als Strahlen, bei dem Tausendfüßler und dem Marienkäfer als Beine befestigen.

Förderschwerpunkt

Das Klammerspiel macht nicht nur Spaß, sondern schult ganz nebenbei die Feinmotorik.

Ketten-Bilder

- **Material:** dünne Ketten, selbst gestaltete Vorlagen, kleine Kiste, Tablett

So geht's

Basteln Sie zwei bis drei unterschiedliche Vorlagen. Als Motiv eignet sich z. B. ein Elefant, das Gesicht eines Tieres oder Menschen usw.
Laminieren Sie die Vorlagen, bevor Sie die Kette durch kleine Löcher ziehen und auf der Rückseite mit Klebefolie befestigen.

Ist die Raupe traurig oder froh?

Stellen Sie die laminierten Karten in die kleine Kiste. Das Kind wählt eine davon aus. Durch leichtes Hin- und Herbewegen der Vorlage verändern sich die dargestellten Bilder und es entstehen lustige Motive. Die Kinder können aber auch eigene Kreationen schaffen, indem sie die Kette mit den Fingern formen.

Großes „Gemurmel“

● **Material:** ein Solitär-Spielbrett, Glasmurmeln in verschiedenen Farben, Körbchen, großes Tablett

So geht’s

Ein Solitär-Spielbrett eignet sich durch seine Mulden wunderbar, um darin mit verschiedenfarbigen Murmeln ganz individuelle Muster zu legen. Es gibt viele unterschiedliche Varianten, die die Kinder entdecken und ausprobieren können.
Stellen Sie Ihnen dazu eine ausreichend große Zahl an verschiedenfarbigen Murmeln in einem Körbchen zur Verfügung. Wählen Sie auch solche mit besonders schönen Mustern.

Handschmeicheleien

Die Kinder werden davon magisch angezogen, nicht nur deshalb, weil die Murmeln wunderschön glitzern und leuchten. Sie fühlen sich zudem angenehm glatt an und sind wahre Handschmeichler.

I AM
THE

Beobachten und entspannen

Aktionstabletts können als kleine Ruheinseln im manchmal hektischen Alltag funktionieren. Im spielerischen Umgang mit Glöckchen oder Riechfläschchen werden die Kinder sensibel für sanfte Töne oder zarte Düfte. Das Beobachten langsamer, stetiger Bewegungen lädt zum Träumen und zum Fantasieren ein. Mit sinnvollen Materialien gestaltete Aktionstabletts zum intensiven Beobachten, Lauschen und Schnuppern bieten den Kindern Gelegenheit zum Kraftschöpfen und Wohlfühlen.

Glöckchen und Schellen

- **Material:** kleine Auswahl an unterschiedlichen Glöckchen und Schellen, Korb, Tablett

Horch mal, wie das klingt!

Glöckchen und Schellen, die sich im Aussehen, in der Größe und im Klang voneinander unterscheiden, regen die Kinder zum genauen Hinhören an. Im spielerischen Umgang damit probieren sie sie aus, erkunden unterschiedliche Techniken, um sie zum Klingen zu bringen, und lauschen den Klängen, die sie erzeugen.

Förderschwerpunkt

Gerade die leisen Töne, die kleine Glöckchen und Schellen produzieren, sind dabei eine Wohltat und Entspannung für das Ohr. Das Gehör wird geschult, die Feinmotorik trainiert und die Konzentration gefördert.

Riechfläschen

- **Material:** 8 kleine Fläschchen (je 4 mit unterschiedlicher Deckelfarbe oder unterschiedlicher Form), Watte, 4 gute ätherische Öle mit entspannender Wirkung (z. B. Sandelholz, Rosenholz, Honig, Lavendel), 2 kleine Körbchen, Tablett

Schon gewusst?

Dass bestimmte Düfte entspannend und wohltuend wirken, ist inzwischen wissenschaftlich belegt. Über die Einatmung werden Emotionen und Reaktionen im Körper ausgelöst, die unser Wohlbefinden positiv beeinflussen können.
Entspannende und beruhigende Düfte, die für Kinder geeignet sind, sind z. B. Lavendel, Sandelholz, Rosenholz, Honig oder Orange.

So geht's

Wählen sie drei bis vier Düfte aus. Füllen Sie in jedes Fläschchen ein wenig Watte. Geben Sie jeweils ein paar Tropfen der Öle auf die Watte von zwei unterschiedlichen Fläschchen und verschließen Sie sie. Legen Sie sie getrennt voneinander in die Körbchen.
Das Kind schraubt nun ein Fläschchen auf, riecht daran und sucht das dazu passende andere Fläschchen.

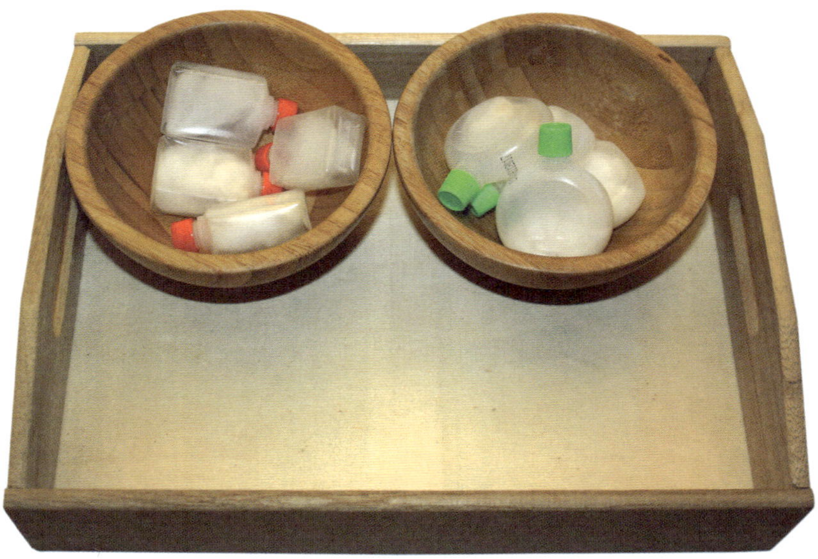

LET'S

Kreiseltanz

- **Material:** 4–5 unterschiedliche Kreisel, flacher Teller o. Ä., kleines Körbchen

Mit Ruhe rundherum ...

Einen Kreisel ruhig und gleichmäßig tanzen zu lassen ist gar nicht so einfach. Es bedarf einer Menge Fingerspitzengefühl, um ihm den richtigen Schwung zu geben. Dreht sich der Kreisel dann, wirkt sein Tanz sehr beruhigend und entspannend. Kinder sind davon immer wieder fasziniert.

So geht's

Kreisel gibt es inzwischen in vielen verschiedenen Ausführungen. Tauschen Sie sie daher von Zeit zu Zeit aus und stellen Sie den Kindern unterschiedliche Kreiselunterlagen zur Verfügung (Holz-, Plastik- oder Porzellanteller, Spiegel ...). Neben dem optischen Reiz wird so auch das Gehör angesprochen, da die verschiedenen Unterlagen auch unterschiedliche Geräusche erzeugen.

Tipp

Für Abwechslung sorgen Spezialkreisel (Magnetkreisel, Malkreisel, Steh-auf-Kreisel ...). Natürlich können Sie auch Kreisel mit den Kindern basteln und diese auf dem Tablett tanzen lassen.

MINNIE

Kaleidoskope und Fliegenaugen

- **Material:** 4–5 Kaleidoskope/Fliegenaugen, Korb

Staunen und entspannen

Kaleidoskope und Fliegenaugen laden zum Staunen, zum Fantasieren, Träumen und Entspannen ein. Sie entfalten schon beim ersten Durchblick ihre beruhigende, fast schon meditative Wirkung. Bereits die kleinste Bewegung lässt fantastische und einzigartige Gebilde, Formen und Muster entstehen. Der Handel bietet inzwischen viele verschiedene Modelle an.

So geht's

Für Kinder ist es zunächst noch etwas ungewohnt und schwierig, mit nur einem Auge in das Kaleidoskop zu schauen. Es fällt ihnen anfangs auch schwer, die Röhre während des Betrachtens zu drehen. Gerade für junge Kinder eignen sich daher solche Kaleidoskope, die mit Flüssigkeit und unterschiedlichen Partikeln gefüllt sind. Diese müssen nicht gedreht werden.

Tipp

Kaleidoskope können Sie auch mit den Vorschulkindern basteln. Im Internet gibt es hierzu diverse Bauanleitungen (z. B. auf kidsweb.de, helpster.de oder der Website von Geolino).

Immer am Rand entlang

- **Material:** flache Schale mit Rand, 4–6 Kugeln (Holz, Glas, Gummi, Watte ...), kleines Körbchen, Tablett

So geht's

Zeigen Sie den Kindern im Kreis, wie dieses Angebot funktioniert. Legen Sie dazu eine Kugel in die Schale. Bringen Sie sie nun durch kreisende Bewegungen der Schale in Schwung, sodass sie immer am Rand entlang rollt. Je schneller Sie die Schale bewegen, umso schneller rollt die Kugel.

Kraftvoll und harmonisch

Ziel der Übung ist es, die Kugel möglichst gleichmäßig und damit harmonisch in Bewegung zu halten. Das ist gar nicht so einfach. Bei zu hohem Kraftaufwand fliegt sie schnell aus der Schale heraus. Bei zu geringem Krafteinsatz erhält sie nicht den nötigen Schwung, um am Rand der Schale entlang zu sausen. Läuft die Kugel harmonisch im Kreis, wirkt dies sehr beruhigend auf den Betrachter. Geben Sie den Kindern in der Einzelbeschäftigung die Möglichkeit, mit den Kugeln zu experimentieren.

Tipp

Je nach Material entsteht ein gleichtönendes Geräusch, das ebenfalls zur Entspannung beiträgt. Tauschen Sie also neben den Kugeln von Zeit zu Zeit auch das Schälchen aus.

Sandhuren

- **Material:** 4–5 Sanduhren mit unterschiedlicher Durchlaufzeit, Tablett

Schon gewusst?

Sanduhren, auch Stundengläser genannt, sind Zeitmessgeräte, die je nach Größe die Zeit von wenigen Sekunden bis zu mehreren Stunden messen. Der Handel bietet viele verschiedene Modelle an.

So geht's

Stellen Sie den Kindern vier bis fünf Uhren mit unterschiedlichen Zeitdurchläufen zur Verfügung. Sie sind immer wieder fasziniert davon und schauen gerne einfach nur dem rieselnden Sand zu, wie er langsam und gleichmäßig durch das Glas läuft. Dies entspannt und baut Stress ab. Die Kinder bemerken beim Betrachten gar nicht, wie die Zeit vergeht.

Tipp

Sanduhren in unterschiedlichen Größen können Sie mit den Kindern auch selbst herstellen. Im Internet finden Sie dazu Anleitungen, z. B. hier: www.prokita-portal.de/praxisangebot/experiment-sanduhr-basteln/

10 MIN
30 MIN

Wackelkarten

- **Material:** 3–4 Wackelkarten mit unterschiedlichen Motiven, Tablett

Schon gewusst?

Wackelkarten, auch Wechselkarten genannt, sind inzwischen in vielen verschiedenen Motiven und Größen erhältlich. Es sind eigentlich Linsenrasterbilder, die durch eine spezielle Kunststoffbeschichtung mit sehr kleinen optischen Linsen hergestellt werden.

So geht's

Nimmt man die Karten in die Hand und kippt sie leicht vor und zurück, erscheinen abwechselnd zwei oder sogar drei unterschiedliche Bilder.
Die Karten begeistern Kinder immer wieder. Beim Betrachten können sie staunen und gleichzeitig entspannen.

Tipp

Bieten Sie den Kindern auch 3D-Postkarten an. Hier scheinen die Motive durch die spezielle Technik der Kartenherstellung zum Greifen nah.

Sandrieselei

● **Material:** saubere Quark- oder Joghurtbecher, leere Plastikflaschen o. Ä., Behälter mit feinem Sand (z. B. Blechdose), Löffel, kleines Tablett, großes Tablett

Sand ist nicht nur zum Bauen da ...

Sand fasziniert Kinder. Es macht ihnen nicht nur Spaß, darin zu spielen oder damit zu bauen. Auch dem Sand beim Rieseln zuzuschauen weckt ihr Interesse. Mit leeren Joghurt- und Quarkbechern, leeren Plastikflaschen oder kleinen Pappkartons lassen sich schnell unterschiedliche Rieselhilfen herstellen.

So geht's

Stechen Sie in die Böden der sauberen Verpackungen beliebig viele Löcher. Probieren Sie aus, ob sie groß genug sind, dass der Sand durchrieseln kann. Geben Sie die Behälter auf das kleine Tablett. Ordnen Sie dieses mit den weiteren Materialien auf dem großen Tablett an.

Beobachten und lauschen

Die Kinder stellen einen der Becher in die Sandschüssel und löffeln Sand hinein. Sobald sie den Becher hochheben, rieselt der Sand durch die Löcher.

Es wirkt sehr beruhigend zu beobachten, wie er langsam aber stetig nach unten fließt. Man kann zudem von oben zuschauen, wie er verschwindet und dabei kleine Krater bildet. Hält man die Hand unter den Sandstrahl, kann man ihn spüren. Und wenn es mucksmäuschenstill ist, ist sogar zu hören, wie er auf den Boden z. B. einer Blechdose prasselt.

Tipp

Bieten Sie den Kindern auch gefärbten Sand an. Dies verändert die Wahrnehmung!